AF227047

ANALYSE

DE LA RELATION MANUSCRITE

D'UN PÉLERINAGE

A JÉRUSALEM

et au

MONT SINAI

Entrepris en 1604

Par SÉBASTIEN SCHACH de Strasbourg.

———◇———

Colmar, impr. et lith. de Veuve DECKER, Imprimeur de la Préfecture. 1846.

— reçu en Don de l'auteur,
Xavier Mossmann, bibliothécaire
adjoint à Colmar).

ANALYSE DE LA RELATION MANUSCRITE

D'UN PÉLERINAGE

A JÉRUSALEM

et au

MONT SINAÏ

Entrepris en 1604

Par SÉBASTIEN SCHACH, de Strasbourg.

A toutes les époques du christianisme, les lieux qui ont été sanctifiés par la vie et la passion de son auteur, ont servi de but à des voyages pieux. L'Alsace sans doute, ainsi que les autres contrées du monde chrétien, a vu plus d'un de ses enfants entreprendre cette longue pérégrination ; mais peu d'entre eux nous en ont transmis le souvenir. On n'en cite que trois, à ma connaissance du moins (1) ; encore n'a-t-il été publié que la relation d'un seul, et personne sans doute ne songera jamais à tirer de l'oubli les récits des deux autres, per-

(1) *Jean Frytag* de *Dusseldorf*, prieur des carmes de Strasbourg, mort dans cette ville en 1494. v. *Strobel, Geschichte des Elsasses*, t. III, p. 410 ; *Jacques Wurmser*, qui visita Jérusalem et le mont Sinaï en 1560, et dont la relation a été publiée par Feyerabend, en 1584 ; *Henri Vagius*, de Strasbourg, qui se rendit deux fois en Terre-Sainte, mais le récit de son pélerinage est resté inédit. *Strobel*, op. cit., t. IV, p. 255.

dus, enfouis dans quelque bibliothèque, non plus que celui dont je vais essayer de rendre compte.

Sébastien Schach qui en est l'auteur, était de Strasbourg; sa naissance remonte sans doute à l'année 1580, si l'on se rapporte du moins à ce qu'il dit de son âge et de celui de ses compagnons de route, dont aucun n'avait, en 1604, plus de 24 ans, tandis que le plus jeune, et il le nomme, n'en avait que 25. Sa mère était veuve, et l'avait envoyé compléter ses études en Italie. On en peut juger du moins par quelques pièces annexées au manuscrit original de son voyage, déposé à la bibliothèque de la ville de Strasbourg. L'une d'elle, émanée du conseiller de la nation d'Allemagne à l'université de Sienne, constate que l'auteur a été inscrit au nombre des étudiants de cette université : elle porte la date du 2 février 1603. Une seconde pièce du même genre, datée du 20 novembre de la même année, établit également ment l'inscription de Sébastien Schach comme élève en droit de l'université de Padoue.

. Au commencement de l'année 1604, il rencontra à Bologne un jeune seigneur allemand, *Dietrich de Steinhaus*; ils formèrent ensemble le projet de se rendre en Terre-Sainte. Des circonstances dont l'auteur ne rend point compte, la saison peu favorable sans doute, ne leur permirent point d'exécuter aussitôt leur dessein. Ils durent se séparer, mais un ardent désir, formé dès l'enfance, de voir les lieux saints, les ramena l'un et l'autre à Padoue, d'où ils se rendirent, le 21 juin, à Venise qui conservait encore l'empire de la Méditerranée.

Quelques préparatifs les retinrent dans cette ville;

ils se pourvurent d'habits de lin dont ils avaient besoin pour se rendre en Terre-Sainte, et d'habits en drap qui devaient leur servir à leur retour ; ils firent leurs provisions et achetèrent chacun un coffre dont ils devaient faire leur lit, en y étendant un petit matelas. Pour leurs passeports, ils s'adressèrent au consul de France ; enfin ils firent marché pour leur passage jusqu'en Chypre, avec le patron de la *Sagura* ou *Ziga,* moyennant quatre ducats, et dix couronnes d'argent pour leur nourriture. Tout fut bientôt prêt, et l'on mit à la voile le mercredi 23 juin.

Les deux voyageurs ne se trouvaient point seuls pour faire leur pélerinage. Ils se rencontrèrent avec plusieurs autres pélerins, dont ils portèrent le nombre à neuf. C'étaient la plupart de jeunes seigneurs allemands, fort gais, fort turbulents, et qui ne se conduisirent pas toujours et en tous points ainsi que de pieux pélerins auraient dû le faire.

Je ne crains pas de donner quelques détails sur la traversée. Il n'est point sans intérêt de comparer les agrémens du voyage actuel, en paquebot, avec les ennuis, les dangers, les privations de toutes sortes que l'on éprouvait, en 1604, à bord d'un bâtiment du commerce de Venise.

Dès le samedi, 26 juin, à la hauteur du mont Caldero, ou peut-être mieux *Monte Gargano,* le *capo* du navire ou maître-canonnier, fit préparer les pièces et se tint prêt à soutenir le combat. Nous verrons que ces précautions auraient pu ne pas être vaines.

Le voyage ne fut guère heureux les premiers jours ;

dès la nuit qui suivit les préparatifs du *capo*, il s'éleva une tempête furieuse qui rejeta le navire en arrière, pendant que les voyageurs qui dormaient tous étendus dans leurs coffres, roulaient pêle-mêle au fond de la cabine.

Le 2 juillet on se trouva devant l'île de Corzola, et l'on y jeta l'ancre. Les passagers profitèrent de cette circonstance pour se soustraire aux prétentions du patron qui, non content de les mal nourrir, voulait encore porter à 15 couronnes par mois le prix de la pension. Les voyageurs se décidèrent à se pourvoir eux-mêmes, à Corzola, de ce qui leur était nécessaire pendant le reste de la traversée.

Diverses circonstances retinrent le navire pendant plusieurs jours devant cette île; on ne parvint à démarrer que le jeudi, 8 juillet.

Le lendemain le vaisseau se trouva à la hauteur de Céphalonie. Le soir même on signala six galères que l'on prit pour des bâtimens turcs. On se prépara aussitôt au combat, tandis que des Juifs qui faisaient également le pélerinage à Jérusalem, dans l'espoir de mourir dans la terre promise à leurs ancêtres, craignant que les bâtimens en vue ne fussent des galères de Malte, aussi acharnées contre le peuple d'Israël que contre les Turcs, se dépouillèrent de leurs costumes pour ne pas être reconnus. La nuit et une tempête qui survint, rendirent vaine cette double crainte des Juifs et des Chrétiens. Mais en arrivant à Zante, on apprit que ces galères avaient enlevé précédemment deux navires vénitiens au moment où ils sortaient du port de cette ville.

La *Sagura* remit à la voile le 16 juillet. Les jours suivants on passa devant l'île de Cerigo et devant la Crète. Le 24 juillet on'aperçut Rhodes, et le 27, Chypre commença à se dessiner à l'horison ; on jeta l'ancre le 29, et l'on mit pied à terre aux Salines.

Un religieux franciscain s'était joint aux pélerins à Zante ; il leur servit de guide en Chypre et les fit recevoir dans un couvent où ils furent fort bien accueillis. Mais ils ne surent point conserver la faveur de leurs hôtes. Les bons moines avaient été prévenus de Venise que, parmi les pélerins, devaient se trouver deux barons. Le renseignement était exact ; mais, par humilité sans doute, les jeunes nobles qui avaient droit à ce titre, déclinèrent cette qualité. Les religieux qui avaient peut-être fondé sur la baronie des deux jeunes seigneurs l'espoir d'une riche offrande, désappointés, diminuèrent peu à peu l'empressement de leur accueil.

Ce fut dans ce même couvent et en présence du père gardien, que Sébastien Schach, taxé de mensonge par l'un de ses compagnons, répondit sans hésiter par un soufflet. Il en allait résulter une affaire d'honneur, mais sur l'observation du père gardien qu'un pélerinage ne devait point être ensanglanté, on promit de ne vider la querelle qu'au retour. Je remarquerai toutefois que l'auteur ne parle point davantage de cet incident, ce qui peut faire supposer qu'il n'eut point d'autre suite.

Il n'empêcha même point les voyageurs de continuer à faire route ensemble ; ils firent marché avec un patron grec qui devait les conduire à Jaffa. On partit le jeudi 5 août, et l'on jeta l'ancre le dimanche suivant, à Limasse. L'auteur descendit à terre et trouva dans la maison d'un habitant de la ville un Nouveau-Testament grec dans lequel il lut quelques passages. Le maître du logis en prit bonne opinion de la religion du jeune étranger; en effet, dit Schach, les moines italiens que l'on rencontre en Orient ne savent parler ou écrire ni le latin ni le grec.

Le mercredi, 11 août, le patron signala à ses passagers les cîmes du mont Liban, et le lendemain après-midi le bâtiment fit son entrée dans le port de Jaffa.

La vue de la Terre-Sainte fit un effet singulier sur l'un des compagnons de l'auteur, malade, et que l'on jugeait incapable de supporter les fatigues du voyage de terre. La crainte de manquer le but de son pélerinage, l'aspect des lieux saints, et si l'on y ajoute, suivant l'observation de l'auteur, la foi d'un bon catholique, suffirent pour provoquer la guérison du moins temporaire du jeune enthousiaste.

Anciennement les pélerins arrivant au nombre de deux ou trois cents par un vaisseau vénitien exclusivement destiné à leur transport, trouvaient, en débarquant à Jaffa, le père gardien de Jérusalem qui venait chaque fois à leur rencontre. Mais depuis la suppression de ce service, les voyageurs arrivant par petites troupes, durent se passer de la protection du père gardien et pourvoir par eux-mêmes aux nécessités du trajet de Jaffa à Jérusalem.

Je remarque ici une chose singulière : c'est qu'il avait déjà été défendu en Chypre aux jeunes Allemands de parler la langue de leur pays; et cette défense fut renouvelée en Palestine, sans que l'auteur en donne le motif.

Il n'est point sans intérêt de voir l'accueil fait aux pélerins, le 14 août, à leur arrivée au couvent du Saint-Sépulchre. A la porte on les déchaussa, le père vicaire leur lava les pieds, les moines les essuyèrent, et, après cette double opération, le père gardien les baisa à chacun d'eux. Alors seulement on entra processionnellement dans l'église, où le père gardien fit une allocution aux voyageurs pour les exciter au repentir, en leur faisant sentir la grâce que Dieu leur accordait de les laisser parvenir dans le saint lieu.

Le mardi, 17 août, fut fixé pour la réception de quelques-uns des pélerins en qualité de chevaliers du Saint-Sépulchre, dignité que le père gardien de Terre-Sainte avait le pouvoir de conférer en vertu d'un droit assez peu certain. On se rendit de grand matin à l'église, et sur le tombeau même du Christ, le père gardien célébra une messe solennelle, tandis que les récipiendaires et les moines se tenaient devant la chapelle. A l'issue de l'office, on fit entrer l'un des pélerins dans le Saint-Sépulchre ; il y dit ses prières les bras étendus, tandis que les moines chantaient l'hymne de *Veni Creator*. Le père procureur s'approcha alors pour bénir l'épée du futur chevalier et lui faire subir l'interrogatoire ordinaire. Schach le reproduit textuellement, ainsi que toutes les prières du formulaire, et comme le père Helyot (1) n'en donne qu'une analyse extrêmement suc-

(1) *Histoire des ordres monastiques,* t. II, p. 133—134.

cincte, je me permettrai d'en donner des extraits avec quelque étendue. Voici la formule de l'interrogatoire.

Le père procureur demandait au récipiendaire : Que demandes-tu ?

Celui-ci répondait à genoux : Je demande à être fait chevalier du très-saint sépulchre de notre Seigneur Jésus-Christ.

— De quelle condition es-tu ?

— Noble de race et né de parents libres.

— As-tu quelque fortune qui te permette de soutenir honnêtement l'état et la dignité de chevalier ?

— Par la grâce de Dieu, j'ai suffisamment de biens.

— Es-tu disposé de cœur et de bouche à prêter et à observer autant que possible le serment de chevalier ?

Et voici quel il est :

Le chevalier du très-saint sépulchre doit s'engager à entendre, suivant la possibilité, chaque jour la messe et le sermon.

Il doit, s'il devient nécessaire d'exposer les biens temporels et la vie, c'est-à-dire dans le cas d'une guerre générale contre les infidèles, se présenter en personne ou se faire remplacer par un homme capable.

Il doit éviter toute guerre injuste, tout gain illicite, tout combat en champ clos, tout duel, si ce n'est comme exercice militaire.

Il doit maintenir la paix et la concorde entre les fidèles, être plein de zèle pour la chose publique, défendre les veuves et les orphelins ; il doit éviter comme la peste les horribles jurements, les parjures, les blasphèmes, les rapines, l'usure, les sacrilèges, les homicides, l'ivresse, les lieux suspects, les personnes infames et les péchés de la chair ; en un mot, se montrer sans reproches devant Dieu et les hommes, et digne de l'honneur si grand qu'on allait lui conférer, en fréquentant les églises et en aidant à étendre le culte divin.

Le chevalier répond : Je suis prêt de cœur et de bouche à jurer et à observer tous ces commandemens.

Puis il fait profession en disant : Je N. m'engage et promets à Dieu, à Jésus-Christ et à la bienheureuse Marie d'observer autant que possible tous ces commandements, comme un bon et fidèle chevalier du Christ.

Le père gardien impose les mains au nouveau dignitaire en lui disant : Et toi, N., sois un fidèle, vaillant, bon et fort chevalier du Christ et du Saint-Sépulchre, afin de te rendre digne de participer à sa gloire avec tous ses élus, amen.

Il lui chausse en même temps des éperons non dorés, et lui remet l'épée nue en disant : Reçois, N., ce saint glaive au nom du père, du fils et de l'esprit-saint ; fais-en usage pour ta défense, pour celle de la sainte église de Dieu et pour la confusion des ennemis de la croix du Christ et de la foi chrétienne, et, autant que la faiblesse humaine le permet, n'en frappe personne injustement, pour te rendre digne un jour du Dieu qui vit et règne avec le père et l'esprit-saint dans les siècles des siècles.

Le chevalier répond : Amen.

On rentre l'épée dans le fourreau et le père gardien la ceint au récipiendaire en disant : Ceins, N., ton glaive sur ta cuisse très-puissante, au nom de notre seigneur

Jésus-Christ ; mais souviens-toi que les saints n'ont pas vaincu les royaumes par le glaive , mais par la foi.

Le récipiendaire se relève alors et tire de nouveau l'épée de son fourreau ; le père gardien la reprend , et faisant remettre le chevalier à genoux, la tête penchée sur le Saint-Sépulchre, il le frappe trois fois sur les épaules du plat de l'épée , en disant trois fois :

Toi , N. , je t'établis et t'ordonne chevalier du très-Saint-Sépulchre de notre seigneur Jésus-Christ, au nom du père, du fils et de l'esprit-saint , amen.

Il embrasse ensuite le chevalier et lui met au cou une chaîne d'or avec une croix ; celui-ci la rend ainsi que l'épée et baise le Saint-Sépulchre, pendant que les moines chantent le *Te Deum laudamus*. Le père gardien dit encore quelques prières et la réception se termine par des embrassemens et par les félicitations des moines, par une nouvelle allocution du père gardien et par une messe solennelle célébrée par le patriarche de Jérusalem.

Cette dignité fut conférée à Sébastien Schach , ainsi qu'il résulte du diplôme original, signé du père gardien de Terre-Sainte et scellé de son sceau , joint au manuscrit du voyage ; mais il n'en faudrait pas inférer que Schach fut noble. Le père Helyot remarque en effet, que, malgré le serment qu'on leur fait prêter, les chevaliers du Saint-Sépulchre sont la plupart des roturiers et des gens vivant de trafic ; ils ne craignaient point, à ce qu'il paraît, de se parjurer pour obtenir un vain titre qui ne leur est conféré cependant que sous la condition de s'abstenir du parjure.

Le jour même de leur réception comme chevaliers, les pélerins se rendirent à Bethléem ; ils profitèrent également des jours suivans pour visiter tous les lieux consacrés de Jérusalem et des environs, la voie douloureuse, le Jardin des Olives, Béthanie, les ruines de Bethphagé, les tombeaux des rois, le Jourdain et la mer Morte. Ils ne terminèrent toutes ces pérégrinations que le 23 août au soir.

Leur pélerinage était terminé ; ils auraient pu revenir en Europe ; mais ils résolurent de visiter encore le mont Sinaï et de passer en Egypte. Ils firent un traité avec un guide qui, moyennant une somme de 25 ducats par chaque pélerin, se chargea de toutes les dépenses du voyage. Les préparatifs furent bientôt terminés , et la caravane put quitter Jérusalem le 24 août, à l'heure des vêpres.

Elle arriva le 29 août à Gaza. Elle était si nombreuse, qu'elle ne parvint point à se loger dans le caravansérail. Les pélerins durent se contenter d'une cour assez malpropre, où l'on établit un véritable campement.

Les voyageurs l'occupaient encore le dimanche, 31 août. Un prêtre qui faisait partie des leurs, célébra la messe. Le même jour un incident singulier faillit avoir des suites fâcheuses pour les pélerins ; je le cite, parce qu'il indique une tolérance peu habituelle, ce semble, aux Musulmans. Un jeune Arabe avait obtenu du vin de la caravane ; il s'enivra et parcourut la ville comme un furieux. On le poursuivit en vain : il se réfugia dans la cour qui avait été assignée aux voyageurs et que leur présence rendait un lieu d'asile inviolable. On se contenta de leur enjoindre de ne plus donner de vin à des musulmans.

La caravane prolongea son séjour à Gaza jusqu'au 9 septembre au soir ; elle était alors assez forte pour se servir de 25 chameaux.

Le 14 septembre, après que l'on eut posé les tentes, Sébastien Schach se dirigea vers une colline qu'il apercevait à une distance d'une lieue du camp ; il la gravit et la trouva couronnée par un amas très-élevé de pierres, auquel on avait attaché des lambeaux d'étoffes. L'auteur se persuada que ce singulier monument était une construction magique ou consacrée au culte de Mahomet. Il arracha les chiffons qui la couvraient et y figura partout des croix (1).

Le jour suivant, la caravane en s'approchant d'une citerne, y trouva une troupe nombreuse d'Arabes dont la présence ne rassura les pélerins que fort peu. Les enfants du camp arabe, nus et le corps tout brûlé, coururent à la rencontre des nouveaux venus ; on les renvoya en leur donnant du pain. Cette politesse valut aux pélerins le bon vouloir des Arabes, qui les laissèrent puiser de l'eau sans s'y opposer.

(1) « Les Musulmans s'imaginent que l'arbre sur lequel est attaché une partie du vêtement d'un malade se chargera du mal ; ils ont la même superstition à l'égard des tombeaux de quelques-uns de leurs saints. » *Aucher-Eloy, Relations de voyages en Orient.* 1re part. p. 146. À ce passage M. Texier a joint une note : « Cela s'appelle *lier la maladie*, et se pratique surtout pour les fièvres intermittentes. On amène le malade près du lieu en renom, et tandis qu'un derviche prononce la prière d'usage, on lie un lambeau d'étoffe à la branche de l'arbre ou à quelque partie du tombeau. »

Ce leur fut un faible secours contre la sécheresse du désert, et le 18 septembre on souffrait depuis quelque temps déjà du manque d'eau ; on fut assez heureux pour rencontrer ce jour un torrent desséché dont le lit contenait encore, dans quelques creux, une eau croupie, verdâtre et remplie d'insectes. On ne s'en désaltéra pas moins ; on déchargea les chameaux, et l'auteur ne fut point médiocrement scandalisé de voir les païens et les Chrétiens, les ânes qui leur servaient de monture et les chameaux qui portaient le bagage, boire ensemble de la même eau.

Le 19 septembre on s'était mis en marche, comme de coutume, bien avant le jour, lorsqu'au lever du soleil les guides firent remarquer aux pèlerins de hautes montagnes très-escarpées et très pointues, d'une couleur bleuâtre tirant sur le noir. C'était la chaine du Sinaï. On l'aperçut bientôt lui-même à une distance qui semblait à peine de quatre lieues, mais qui fut encore de trois journées de marche.

Il fallut le même jour descendre une côte très-rapide et très-dangereuse. L'auteur remarque à cette occasion combien le chameau montre de prudence en traversant un passage difficile. Avant de faire un pas, il essaie le terrain, et ne se remet point en marche sans avoir assuré toute la liberté de ses mouvements, de crainte d'être entraîné involontairement en se pressant trop. Que l'on me permette de citer une expression assez singulière de Sébastien Schach : il évalue de la longueur de trois ou quatre paters le temps que le chameau met entre chacun de ses pas. Malgré des précautions infinies, un chameau perdit sa charge dans cette descente. Tout le bagage roula jusqu'au bas, et les pélerins en perdirent une bonne part.

Le jour suivant la caravane pénétra dans la chaîne du Sinaï par une vallée sauvage et d'un passage très-difficile. Ces montagnes étaient incultes ; on n'apercevait qu'une plante épineuse alors en fleur, et qui répandait un parfum délicieux. Le sol était formé de roches noires et rouges qui semblaient polies, et qui brillaient au soleil comme si elles avaient été frottées d'un corps gras. Au haut d'un pic apparut un animal plus grand qu'un chameau, à ce qu'il sembla à Sébastien Schach ; le guide assura que c'était une licorne. Le même jour on rencontra aussi pour la première fois dans ces montagnes un berger gardant ses troupeaux. L'on découvrit en même temps de tous côtés des traces du passage des Arabes; l'on se tint pour averti, et l'on fit bonne garde pendant toute la nuit.

Cette précaution n'était point tout-à-fait vaine. Le 21 septembre, au matin, les voyageurs se trouvèrent tout à coup en présence d'une troupe d'Arabes qui coururent à eux armés de lances et de coutelas, se saisirent des chameaux, les déchargèrent et se mirent à piller le bagage. Les guides, au lieu de songer à la défense, se réunirent aux voleurs. Les pélerins furent obligés de composer ; ils achetèrent le passage moyennant un sac de biscuit qu'ils abandonnèrent aux assaillants.

Ce ne fut point le seul événement de la journée ; une circonstance indifférente amena une vive discussion qui se termina par une mêlée générale. Une lutte meurtrière allait s'engager entre les pélerins, à la vue même du Sinaï, lorsque les Arabes se jetèrent entre les combattants, sans s'effrayer des épées nues dont on se menaçait de toutes parts.

Le 22 septembre, la caravane arriva en vue du couvent de Sainte-Catherine ; elle y parvint à huit heures du matin. On se rappelle que ce célèbre monastère est construit sur le lieu même où Moïse aperçut le buisson ardent.

Deux jours après, les pélerins partirent avant le lever du soleil, munis de provisions, pour faire l'ascension du Sinaï. Ils arrivèrent bientôt à une chapelle au sujet de laquelle le moine qui la desservait et qui parlait italien, raconta cette légende.

« Autrefois, dit-il, les environs du couvent furent tout d'un coup infestés par des animaux vénimeux ; ce voisinage incommoda si fort les religieux, qu'ils résolurent d'abandonner cette résidence et d'aller s'établir plus loin. Avant de quitter toutefois le couvent de Sainte-Catherine, ils voulurent visiter encore une fois les saintes montagnes d'Horeb et de Sinaï. Ils s'y rendirent processionnellement ; mais à leur retour la sainte Vierge leur apparut, et leur ordonna de ne point abandonner leur couvent, promettant de les délivrer de leurs dangereux hôtes. Les religieux furent saisis de crainte ; ils n'étaient point assurés que cette vision ne fût une illusion du diable ; ils s'adressèrent à Dieu, le suppliant de leur faire connaître sa volonté, et de leur donner un gage de la vérité de la promesse qu'ils venaient de recevoir, en faisant jaillir une source à l'endroit même où ils se trouvaient. Ce qui arriva aussitôt. » On la fit voir aux pélerins, ainsi que la chapelle construite à l'endroit même où la Vierge apparut (1).

Les pélerins ne tardèrent point à parvenir à une arcade en pierre, s'étendant d'un côté de la montagne à l'autre, et sous laquelle la route passait. On leur raconta que les Juifs ne pouvaient franchir ce passage, et que l'un d'eux, quelques années auparavant, voulant visiter ces lieux qu'ils honorent autant que les Chrétiens, se mêla sous un déguisement à une troupe de pélerins. Arrivé devant l'arcade, une force invincible l'empêcha de passer outre. On s'informa de ce qu'il éprouvait. Il répondit qu'il voyait un crucifix dont la présence lui rendait le passage de l'arcade impossible. Il avoua qu'il était juif, mais pour échapper à la force mystérieuse qui le repoussait, il promit de se faire baptiser. A l'instant même le crucifix disparut à ses yeux, et il put passer librement. Depuis lors les Juifs effrayés du sort de leur coréligionnaire, n'osent plus tenter ce pélerinage. On peut reconnaître dans ces traditions l'imagination féconde des Orientaux ; elle s'exerce sur les points les plus sacrés de la religion, de même que sur un sujet des *Mille et une Nuits*.

Ce ne fut que le 25 septembre, avec des difficultés extrêmes que les pélerins parvinrent au sommet du mont Sinaï, au tombeau de Sainte-Catherine. Le soleil n'était pas encore levé et le froid si piquant à cette hau-

(1) Une tradition quelque peu semblable a été recueillie par *Aucher-Eloy*, qui visita le Sinaï au mois d'avril 1831; v. *Relations de voyages.* 1re part. p. 55.

teur, que les guides furent obligés d'allumer de grands feux. Ce ne fut point sans un vif plaisir que l'auteur se trouva enfin au terme de son long pélerinage. « Depuis si longtemps, dit-il, que nous avions quitté notre patrie, nos courses nous en avaient éloignés chaque jour de plus en plus. Ce ne fut qu'après être parvenus au mont Sinaï que nous pûmes tourner de nouveau nos regards vers l'Europe. Le ciel en soit loué ! »

Le 26 septembre on exposa les prétendues reliques de sainte Catherine à la vénération des pélerins. Les moines leur racontèrent qu'autrefois, le jour de sa fête, une foule d'oiseaux étrangers venaient s'abattre sur l'église du couvent, portant chacun dans le bec un rameau d'olivier chargé de fruits, que l'on s'empressait de recueillir. Cette singulière récolte, disait-on, suffisait pour fournir le couvent d'huile pendant toute l'année.

Après avoir visité tous les saints lieux, les voyageurs se proposèrent de se remettre en route. Leur départ fut le signal de dures avanies ; rançonnés par les moines, par les Arabes des environs et par leurs guides, ce ne fut que vers midi, le 27 septembre, qu'ils purent quitter enfin les murs du couvent. Leur caravane s'était augmentée de deux chameaux chargés de fruits, que l'abbé de Sainte-Catherine envoyait au pacha du Caire. C'était un présent annuel qu'il avait coutume de faire, et qui était toujours accueilli avec grande faveur. Le pacha en distribuait une partie à ses principaux officiers et en adressait même au Grand-Seigneur à Constantinople.

Le 1ᵉʳ octobre, au matin, on remarqua qu'il manquait

un chameau. On n'en partit pas moins, mais on chargea deux chameliers du soin de le retrouver. Ils rejoignirent la caravane au bout de quelques heures, ayant encore leurs lances teintes de sang. Ils avaient trouvé le chameau au pouvoir d'un Arabe voleur qu'ils tuèrent.

L'auteur prend occasion de cette circonstance pour parler des qualités des Arabes. Ils se nourrissent de biscuit, ne boivent que de l'eau ; leur maigreur est extrême, mais leur ardeur n'en est pas moins grande ; ils entreprennent sans chaussures et presque nus des courses énormes et très-rapides, sans jamais se lasser ni se décourager.

Les voyageurs ne tardèrent point à arriver en Egypte ; mais ce ne fut que le 6 octobre qu'ils rencontrèrent des habitations. C'était un village que Sébastien Schach nomme Matharéa (1) ; l'on y congédia les chameliers et leurs bêtes. Ce lieu était célèbre par une plantation d'arbrisseaux qui produisent le baume. Le propriétaire en fit lui-même les honneurs aux étrangers, mais non gratuitement. Il exprimait une goutte de la précieuse liqueur de la plante même qui la renfermait, et l'étendait dans le creux des mains de chaque visiteur. Sébastien Schach dit n'avoir jamais senti une odeur plus douce ni plus pénétrante ; l'air en était tout parfumé ; mais ce qu'il y avait de singulier, c'est qu'au moment même où l'intérieur de la main recevait le baume, le dos se couvrait d'une moiteur produite, selon l'auteur, par la substance qui suintait pour ainsi dire, à travers la main.

(1) El-Matarieh ; la bataille d'Héliopolis a rendu ce lieu célèbre.

Le jour même, c'est-à-dire le 7 octobre, les pèlerins parvinrent au Caire ; la première visite qu'ils y reçurent, fut celle d'un orfèvre de Malines établi en Egypte.

Le 9 octobre, on mena les pélerins chez le consul de Venise à Alexandrie, ils s'informèrent de la cause de sa présence au Caire : « Ce sont, leur dit-il, vos marchands d'Allemagne. Ces messieurs prétendent ne recevoir des Vénitiens que des épiceries de choix et sans déchets (*garbulirt und wohl erlesen*), tandis que nous-mêmes nous sommes obligés de les accepter brutes et non choisies. » Ce fait peu connu n'est point, je crois, sans intérêt; peut-être faut-il y voir l'une des causes de la ruine du commerce de Venise.

Les voyageurs avaient été confiés à un Mameluck, chargé du soin de les loger et de les mener par la ville ; il devait répondre de leur sûreté. C'était un singulier personnage ; d'abord juif, il reçut le baptême avant d'embrasser la loi de Mahomet. Il fit voir à ses hôtes l'intérieur de sa maison. Il les mèna même, à ce que l'auteur prétend, dans une salle où ses deux femmes se trouvaient réunies. Elles étaient parfaitement belles, et Sébastien Schach, jaloux du bonheur du maître du logis, lui dit en latin : «Seigneur, c'est ici que vous avez votre paradis.» Par un hasard singulier, l'une des femmes saisit le sens de cette observation ; elle répondit en italien à l'exclusif Strasbourgeois : « Nous l'avons ici, et nous l'aurons plus tard encore.» Schach se donna le singulier plaisir de la contredire ; ce fut un petit débat peu sérieux et assez plaisant.

Le 11 octobre, les pélerins reçurent la visite d'un

grand nombre de Mamelucks, chrétiens apostats qui venaient voir si parmi les étrangers, il ne s'en trouvait point de leur pays. Parmi eux il n'y avait qu'un seul Allemand, né à Bâle. La plupart de ces renégats se mirent en rapport avec un prêtre hongrois qui se trouvait au nombre des voyageurs. Ils lui promirent de quitter le turban le plus tôt qu'ils le pourraient ; il bénit leurs mariages, en les obligeant à ne garder qu'une seule femme, et il baptisa leurs enfants. Les Mamelucks, observe l'auteur, ont grand intérêt à faire élever leurs enfans dans le christianisme ; leur corps ne peut se recruter que de chrétiens qui ont abjuré, et pour que les enfans puissent hériter des avantages, des dignités, voire même de la fortune de leurs pères, il faut les mettre dans la possibilité d'abjurer un jour.

Dans leurs courses à travers la ville, sous la conduite de leur hôte, les pélerins passèrent un jour sur le marché aux esclaves. On s'imagina que le Mameluck les menait vendre, et les chalands se présentèrent immédiatement en fixant leur prix. Ce ne fut point la seule scène de ce genre dont ils furent les témoins. Un jour en passant dans une rue, ils observent un grand attroupement : c'était un marchand barbaresque avec de nombreux esclaves qu'il mettait en vente. Il s'y trouvait entre autres dix-huit enfants des deux sexes, que leur maître offrait à si bas prix, nous dit naïvement l'auteur, que l'on aurait cru qu'il les avait volés.

Les voyageurs profitèrent du temps qu'ils passaient au Caire pour visiter toutes les parties de la ville, sur laquelle Sébastien Schach donne des détails vraiment curieux. Ils eurent même le temps d'explorer les antiquités des environs ; ils firent fouiller quelques tombeaux de l'ancienne nécropole de Memphis, et ils en retirèrent une momie en mauvais état, il est vrai, mais qui suffit pour leur donner une idée de la manière de conserver les morts chez les Egyptiens. Ils se rendirent auprès des pyramides ; ils firent l'ascension de la plus haute, et parvinrent même à y pénétrer en en faisant déblayer l'entrée. L'auteur nous a laissé une description de ce voyage souterrain.

Après avoir supporté de nouvelles avanies, les pélerins font marché avec le patron d'une barque qui se rendait à Alexandrie. Ils s'embarquent le 19 octobre, au soir. Je ne redirai point les incidents de ce voyage jusqu'à Rosette, où ils arrivèrent le 22 octobre. Il leur fallut débarquer dans cette ville, car il était défendu de mener un chrétien sur le Nil jusqu'à la mer, pour éviter de faire connaître la véritable embouchure du fleuve. Mais malgré cette défense, les pélerins ne trouvant point de chameaux ni d'ânes pour les transporter à Alexandrie, eux et leur bagage, se décidèrent à se rembarquer et à continuer le voyage jusqu'à la mer. Ils devaient trouver sur le bord même, toutes les bêtes de somme dont ils avaient besoin. Ils y parvinrent le jour suivant, et se rendirent le soir même à Alexandrie.

Ils allèrent le lendemain chez le consul de Catalogne, dont la maison servait de pied à terre à la plupart des Chrétiens. En traversant la ville, Sébastien Schach ne put s'empêcher de remarquer combien son aspect était misérable ; presque tous les édifices étaient à terre ou menaçaient ruine ; il y en avait peu de neufs et de bien entretenus, tandis que les fortifications étaient dans le meilleur état, et même, au dire de quelques pélerins, les plus redoutables qu'ils eussent jamais vues.

Les plus tristes spectacles ne devaient point cesser de se présenter aux yeux des voyageurs. Le 25 octobre, un dévôt Musulman qui faisait le pélerinage de la Mecque, débarque à Alexandrie. Il venait sur son propre navire des côtes de la Barbarie, et s'était emparé en route d'un bâtiment chrétien. Il se fit précéder, dans les rues de la ville, de l'équipage composé de quatorze hommes, chargés de fers.

En traversant le bazar turc un autre tableau vint les affliger au marché aux esclaves. Il s'y trouvait près de trente misérables de tout âge et de tout sexe, entre autres des femmes avec des enfants à la mamelle. On les offrait à vil prix. Avant de les acheter, on les éprouvait de toutes les manières, pour s'assurer qu'ils n'étaient point malades et quelle était leur force ; les jeunes filles étaient mises à nu ; on faisait sauter et courir les garçons ; on usait de mille moyens pour voir s'ils n'avaient point quelque infirmité, quelque vice redhibitoire. «Lorsqu'un amateur se présente, nous dit l'auteur, il examine en détail les enfants qui sont à vendre, et sépare des autres celui qui lui plaît le mieux ; il observe s'il semble intimidé, s'il est abattu ou s'il paraît se réjouir ; il l'excite par quelques coups de baguettes, pour voir s'il résiste ; il lui donne de la nourriture et s'assure si l'enfant mange avec avidité et gloutonnement ; il examine ses yeux, lui souffle dans les oreilles, lui parle tour à tour avec aménité et sévèrement ; puis il fait son prix. Les Musulmans, observe l'auteur, ont un instinct merveilleux pour reconnaître immédiatement la valeur d'un homme. »

Le port que les pélerins visitent également, présentait l'aspect le plus animé. De tous côtés arrivaient des chameaux venant du Caire et chargés d'épiceries. Partout on voyait des marchands arabes et vénitiens, des agents de la douane, des troupes nombreuses de mendiants. L'auteur parle souvent de l'importance de ce commerce qui paraît avoir été encore, à cette époque, dans toute sa splendeur.

Il n'est peut-être pas inutile de rappeler, d'après Sébastien Schach, quelle était alors la route suivie par les marchandises que l'Europe tirait de l'Inde par la voie de l'Egypte. Je reproduis d'autant plus volontiers ces détails, qu'ils diffèrent de ceux que l'on trouve dans l'ouvrage de M. Hüllmann sur l'histoire des villes au moyen-âge (1), et qu'ils les complètent.

Venues de l'Inde, en droite ligne, les épiceries étaient débarquées à El-Tor, port de l'Arabie sur la mer Rouge. De là on les transportait à dos de chameaux au Caire, à travers l'isthme de Suez. Au Caire on les embarquait de nouveau sur des bateaux qui les déposaient à l'embouchure du Nil, d'où elles étaient transportées par terre jusqu'à Alexandrie.

Il n'est point sans intérêt en ce moment d'étudier cette ancienne et la plus importante route du commerce

____

(1) *Städtewesen des Mittelalters,* t. **IV,** p. 376.

de l'Orient. C'est par là que toutes les denrées précieuses de l'Inde arrivaient à nos ancêtres, et avant qu'il soit peu, l'Europe moderne les recevra sans doute de nouveau par cette antique voie.

Combien l'esprit du marchand de l'Europe est exclusif ! Il lui fallait se soustraire aux exigences des Arabes dont il dépendait. Une route commerciale maritime se trouve par le midi de l'Afrique. La conquête de l'Egypte par Sélim, en 1517, et l'établissement des compagnies des Indes, en Hollande, en France, en Angleterre, à la fin du xvie et au commencement du xviie siècle, achevèrent la ruine du commerce des Arabes. L'Inde est européenne aujourd'hui ; la mer tout entière et le commerce du monde appartiennent aux Européens, et les épiceries sans plus passer par des mains étrangères, ne tarderont point à reprendre le chemin que les marchands arabes suivaient pour les livrer aux mains des Vénitiens.

Il fallait, en effet, que l'avantage de la voie d'Egypte fut bien grand ; l'auteur raconte que les vaisseaux avant d'aborder à Alexandrie, étaient toujours en danger d'être pris par les pirates partis de cette ville même. Quelquefois les corsaires mettaient à la voile au moment où l'on signalait un navire européen, et malheur au marchand qui n'était point en mesure de soutenir le combat ! Mais une fois parvenu dans l'intérieur du port, son navire était assuré contre toute attaque.

La saison avancée commençait à rendre difficile le retour des voyageurs en Europe. Il n'y avait plus dans le port que deux galères dont les patrons se montrèrent

fort exigeants; il fallut cependant accepter des conditions qu'ils faisaient en maîtres.

Le navire que les pélerins avaient choisi, mit à la
voile le 7 novembre. La saison n'était plus favorable ;
ils furent ballotés de côtés et d'autres ; deux fois ils furent
en très-grand danger de périr : le hasard seul les
sauva.

Toute la traversée fut difficile. Après avoir jeté l'ancre successivement à Rhodes, à Milo, le navire fut re-
jeté sur les côtes de Chypre. Les voyageurs y rencontrèrent un vaisseau chargé de pélerins, parmi lesquels
se trouvait Dietrich de Steinhaus, le premier compa-
gnon de l'auteur que son état de souffrance avait obligé
de rester à Jérusalem.

Le 21 novembre un coup de vent terrible chassa le
navire jusqu'auprès de la Barbarie. Le lendemain on signala un vaisseau démâté que l'on prit pour un navire
avec lequel on avait marché de conserve depuis Alexandrie. On s'approcha pour lui porter secours ; mais arrivé à la distance d'une bordée, un coup de canon chargé
à boulet partit du vaisseau en détresse. Dans la persua-
sion que c'était un signal, on continuait d'avancer, lorsqu'un second coup de canon vint apprendre aux trop
confiants Vénitiens qu'ils avaient à faire à des pirates.
Ils s'en éloignèrent aussitôt, mais non sans avoir riposté
assez heureusement.

Les pélerins devaient épuiser dans cette traversée
tous les genres de souffrance. Depuis quelque temps
déjà la provision d'eau tirait à sa fin ; on ne donnait
plus qu'une demi-ration ; en arrivant en vue de Malte

le 23 novembre, on n'en distribua plus du tout. Un passager malade remit un ducat à Sébastien Schach, en le priant de lui trouver la moitié d'une noix de coco remplie d'eau. Il fut impossible à l'auteur de satisfaire ce malheureux. Une pluie heureusement apporta quelque soulagement à ces pénibles privations.

On arriva enfin le 24 novembre à Corfou ; l'auteur et l'un de ses compagnons, de Hager, se décidèrent à y abandonner le vaisseau vénitien sur lequel ils avaient pris passage.

Le 29 novembre, ils se rembarquèrent sur une frégate espagnole, qui servait aux relations ordinaires avec Otrante. On essuya une nouvelle tempête. De l'aveu de l'équipage, c'était le plus rude temps qu'il avait eu jamais à surmonter. Mais enfin le dimanche 1ᵉʳ décembre, le bâtiment entra dans le port d'Otrante. Les voyageurs s'empressèrent de débarquer.

Ils furent mis en quarantaine ; dès que leur état sanitaire fut constaté, Schach et de Hager se rendirent à Leschi et de là à Naples. Ils séjournèrent dans l'une et l'autre de ces villes.

Ils arrivèrent à Rome le 28 décembre, à Florence le 15 janvier 1605. L'auteur parcourut ainsi presque toute l'Italie centrale. Cette partie de son voyage est assez obscure ; on voit cependant qu'à l'occasion du meurtre d'un jeune étudiant noble, Sébastien Schach fut arrêté le 30 avril, peut-être à Rome, et qu'il n'obtint sa liberté qu'en payant une amende de 200 couronnes.

Cette aventure le dégoûta, à ce qu'il paraît, du séjour

de l'Italie. Il se décida à revenir dans sa patrie. Il passa par Bologne, par Venise, Trévise, Bassano, Trente. Il arriva le 14 juin à Inspruck ; à Augsbourg on lui offrit le vin d'honneur, ainsi qu'à ses compagnons. Ils quittèrent cette ville le 19 juin, pour se rendre à Ulm ; enfin le jeudi soir, 25 juin, Sébastien Schach revint à Strasbourg, après une absence qui n'avait pas durée moins de deux ans.

Il est regrettable de le perdre de vue depuis le moment de son retour ; j'avoue que jusqu'ici je n'ai plus rien trouvé qui le concerne ; j'ignore quelle fut sa position, ses occupations, la date de sa mort. On peut juger de l'existence du manuscrit de son voyage à la bibliothèque de Strasbourg (1), qu'il passa le reste de sa vie dans cette ville. Il forme, pour l'Alsace, un personnage assez remarquable pour mériter d'être mieux connu.

On s'aperçoit qu'en voyageant il se proposait d'écrire ses aventures. Il s'environne de tous les renseignements, de tous les auteurs dont il peut disposer, et il en fait usage dans le cours de son récit avant d'avoir vu par lui-même les lieux auxquels ils s'appliquent.

Malgré ces soins il ne faut point chercher dans la relation de Sébastien Schach des observations bien profondes, des faits nombreux dont les sciences pourraient faire leur profit, comme dans des voyages plus moder-

---

(1) Le manuscrit du voyage (en allemand) de Sébastien Schach forme un volume in-4° de 506 feuillets. D'après les pièces qui y sont jointes et dont j'ai mentionné la plupart, je le crois original. Il est relié en parchemin jaspé, reliure qui peut remonter à quelques cinquante ans.

nes. Ce n'est qu'un touriste curieux, qui écrit naïvement pour se conserver à lui-même le souvenir de ce qu'il a vu. Tant qu'il se borne à ce rôle d'observateur un peu superficiel, il est vrai, mais qui a son attrait, même pour le lecteur, on peut presque toujours ne pas hésiter à s'appuyer sur lui ; mais s'il ne fait que répéter un ouï-dire, il faut se tenir sur ses gardes. Témoin fidèle et souvent judicieux, il manque complètement de l'art d'examiner le témoignage d'autrui, d'en accepter ce qui est probable, et de le rejeter complètement s'il ne présente point toutes les conditions désirables de vraisemblance. On ne peut du reste lui en faire un crime. Si même son âge lui eut permis d'amasser un nombre de faits assez considérable pour lui faire discerner l'impossible par la connaissance du possible ; il appartenait à une génération trop jeune pour qu'elle eût pu lui livrer cette critique qui accompagne maintenant toujours le bon sens. Le défaut qu'on peut lui reprocher, est encore excusable en 1604. Il ne l'eut pas été, si Schach avait vécu un demi-siècle plus tard.

Colmar, le 19 novembre 1845.

X. M.

P. S. Au moment de corriger la dernière épreuve, un heureux hasard me fait découvrir un nouveau renseignement sur Sébastien Schach. Une note de H. S. Hüsgen, de Francfort-sur-le-Mein, insérée dans l'ouvrage de M. Joseph Heller intitulé : *Das Leben und die Werke Albrecht Dürer's*. Tom. II (le seul qui ait paru), pp. 272-75, constate qu'une mèche de cheveux d'Albert Dürer, coupée à la mort de ce célèbre artiste, après avoir passé entre plusieurs mains, fut acquise, en 1625, par le seigneur *Sébastien Schach*, membre du conseil des Quinze à Strasbourg, qui conserva cette précieuse relique jusqu'en 1649.